HÄDECKE

Thymian

Warenkunde & Rezepte

Thuri Maag   Erika Lüscher

Lizenzausgabe für Hädecke Verlag,
D-71256 Weil der Stadt.
www.haedecke-verlag.de
Die deutsche Redaktion dankt der Aromatherapeutin Doris Bigga für ihre wertvollen Hinweise.

Verantwortlich für das Lektorat Léonie Haefeli-Schmid
Einführung Erika Lüscher
Fachliche Beratung Elsbeth Frei, Frei Weinlandstauden, Wildensbuch
Rezepte Thuri Maag
Gestaltung Daniela Friedli Dossenbach, FonaGrafik
Fotos Andreas Thumm, Freiburg i. Br. (alle Foodbilder und Stimmungsbilder im Rezeptteil, Seiten 20–24); Beat Ernst, Basel (Frontispitz, Seiten 4, 9, 12, 15, 19); Frei Weinlandstauden, Wildensbuch (Seiten 11, 84); Daniele Combertaldi, Zürich (Seite 50)
Lithos Repro Schicker AG, Baar
Printed in Germany

ISBN 978-3-7750-0528-9

Abkürzungen

EL	=	gestrichener Esslöffel
TL	=	gestrichener Teelöffel
dl	=	Deziliter
ml	=	Milliliter
l	=	Liter
Msp	=	Messerspitze
g	=	Gramm
kg	=	Kilogramm

Mengenangaben

Wo nicht anders vermerkt, sind die Rezepte für 4 Personen berechnet.

Inhalt

Der Thymian gehört zu den ältesten Küchen- und Heilkräutern. In der Tat, so bescheiden er sich gibt, seine wertvollen Inhaltsstoffe und die vielseitigen Verwendungsmöglichkeiten sind nicht zu unterschätzen: Zauberkraut, das die Priester in Mesopotamien bei rituellen Räucherzeremonien einsetzten, um die Wahrnehmungsfähigkeit zu verstärken und in Trance zu gelangen oder um Kranke zu heilen; Bestandteil der Kräuteressenzen, mit denen die Ägypter ihre Toten einbalsamierten; Frauenpflanze, die in frühen Kulturen der jeweiligen Liebesgöttin und im Christentum der Muttergottes geweiht war; über Jahrtausende natürliches Antibiotikum der armen Leute und Heilkraut, dessen Wirkung noch heute bei Erkältungskrankheiten geschätzt wird; Arzneipflanze, die bei körperlich-geistiger Erschöpfung hilft; natürliches Konservierungsmittel; aromatisches Gewürz, das viele Gerichte abrundet und selbst fette Speisen bekömmlich für Magen und Darm macht.

Thymian – Zauberkraut für Küche und Gesundheit

Die Inhaltsstoffe entstehen in einem hochkomplexen biochemischen Prozess. Die in den Öldrüsen gebildeten ätherischen Düfte erschließen sich uns über die Nase und wecken Erinnerungen an mediterrane Sommertage. Dass die direkt an die Schaltstellen des Gehirns übermittelten Duftstoffe der Kräuter eine ganzheitliche Wirkung auf unser Wohlbefinden haben, ist seit Urzeiten bekannt. Es ist anzunehmen, dass die Vorfahren des homo sapiens die antimikrobielle Wirkung des Thymians zum Haltbarmachen und Würzen ihrer Jagdbeute nutzten. Das ist ein wichtiges Kriterium, denn Kühlschränke gehören erst seit rund sechzig Jahren zum allgemeinen Küchenstandard.

Interessant für die Kräuterküche sind Thymiansorten mit ausgeprägter Würzkraft oder lieblichen, zitrusartigen Aromen, die vielen Speisen das besondere Etwas geben. Als Gewürz wird Thymian frisch und getrocknet für Salate, Suppen, Pasta, Gemüse, Fleisch und Fisch verwendet. Unverzichtbar ist das Kraut in Saucen, Marinaden und Füllungen. Auch Desserts gibt der Thymian eine spezielle Note. Wegen der aromatisierenden, keimtötenden Wirkung wird das Kraut auch zum Räuchern und Grillen von Fleisch und Wurst verwendet.

Die vielseitige Heilwirkung des Thymians ist schon lange bekannt. Im frühen Mittelalter begannen Benediktinermönche ihn nördlich der Alpen in Klostergärten anzupflanzen und so wurde er mit anderen Heil- und Gewürzkräutern populär. Die weltweit über 400 bekannten Arten sind größtenteils durch natürliche Kreuzungen und sorgfältige Weiterkultivierung entstanden. Die als Polsterpflanzen oder niedrige Sträucher vorkommende «Bienenweide» unterscheidet sich durch Wuchshöhe, Formen und Farben des Blattwerks und der Blüten sowie durch ihren Duft und Geschmack.

Das überlieferte Wirkspektrum des Thymians kann heute mittels moderner Analysemethoden wissenschaftlich belegt werden. Laufend werden weitere Geheimnisse entschlüsselt, die für die Naturheilmittel- und Kosmetikproduktion sowie für die Herstellung ätherischer Öle genutzt werden. Thymianextrakte werden zum Parfümieren von Lebensmitteln verwendet. Sie sind oft auch Bestandteil von appetit- und verdauungsfördernden Kräuter- und Bitterlikören. Nicht zuletzt haben die antimikrobiellen und antioxidativen Eigenschaften des Thymians das Interesse der Nahrungsmittelchemiker geweckt, die auf der Suche nach natürlichen, auch von Allergikern verträglichen Konservierungsstoffen sind.

Pflanze der Göttinnen und Heiler

Etymologie

Die lateinische Bezeichnung thymus leitet sich vom griechischen thymon ab, was ursprünglich mit «Rauch», aber auch mit «Geist», «Mut» und «Kraft» in Verbindung gebracht wurde. Zum gleichen Wortstamm gehört das Verbum thyein, was «ein Rauchopfer darbringen» bedeutet und ein Hinweis auf kultische Räucherzeremonien sein dürfte. Sprachforscher halten es auch für möglich, dass das Wort «tham» Pate stand, das im alten Ägypten unter anderem für die Einbalsamierung der Toten verwendet wurde.

Geschichte

Erste schriftliche Hinweise auf den Anbau und die Nutzung des Thymians sind in sumerischer Keilschrift festgehalten und stammen aus dem 4. Jh. v. Chr. Im alten Ägypten waren bereits verschiedene Thymianarten bekannt – vermutlich auch der Thymus vulgaris. Ebenfalls hoch im Kurs waren die duftenden Kräuter in der Antike: Von Hippokrates (ca. 460–377 v. Chr.) ist überliefert, dass er Thymian einsetzte, um Atemwegserkrankungen zu behandeln. Die Wirkung wurde auch in den medizinischen Lehrbüchern von Dioskurides (50 n. Chr.) und Galenos (130–200 n. Chr.) erwähnt. Dem römischen Geschichtsschreiber Plinius Maior (70 n. Chr.) ist die erste genaue Beschreibung zu verdanken. Er berichtete, dass «serpyllum» (Wilder Thymian) im Theriak, einem Heiltrank, enthalten war, welcher König Antiochos der Große von Syrien (um 200 v. Chr.) regelmäßig trank.

Mit dem Zerfall des Römischen Reiches ging in Europa das Wissen um die Wirkung der Kräuter weitgehend verloren. Es waren schriftkundige Mönche, die es in alten Aufzeichnungen wieder entdeckten. Kaiser Karl der Große (742–814 n. Chr.) ordnete an, es seien in den Kloster- und Schlossgärten aromatische Kräuter zu pflanzen, da sie die Speisen «zum Singen» bringen. «Quenula» (Quendel; wilder Thymian) ist ein wichtiger Bestandteil der Hildegard-Medizin (Äbtissin Hildegard von Bingen, 1098–1179). Paracelsus (1493–1541) verschrieb Thymian unter anderem als stärkendes, anregendes und belebendes Mittel bei Nervenschwäche. In einem Kräuterbuch aus dem 16. Jh. findet man einen aus Thymian und Honig bestehenden Hustensirup, der bei «keuchem und schwerem Atem» lindern soll. Als die Medizin zum naturwissenschaftlichen Universitätsfach wurde, verloren die Heilkräuter ihren mystisch-magischen Nimbus weitgehend. Mit dem Aufkommen der chemischen Industrie im 19. Jahrhundert und der Möglichkeit, Medikamente synthetisch herzustellen, verlor die Naturheilkunde weiter an Bedeutung. Doch unterdessen zeigen wissenschaftliche Studien, dass natürliche Wirkstoffe vom menschlichen Organismus besser assimiliert werden als künstliche. Da sie bei richtiger Dosierung auch kaum Nebenwirkungen haben, interessiert sich die Industrie wieder vermehrt für die Heilkraft der Pflanzen.

Thymian-Sammelsurium

Obwohl der Gebrauch von Kräutern vielfach mit Aberglaube und Zauberei verbunden war, ist in vielen Überlieferungen ein erstaunlicher Wahrheitsgehalt zu finden. In vorchristlicher Zeit galt der Thymian als geheimnisvolle, die Schlangen und Dämonen abwehrende Zauberpflanze. Er soll gegen Erdstrahlen abschirmend wirken.

Kraut der Göttinnen und der Liebe

Im klassischen Altertum brachten die Frauen der in ihrem Kulturkreis verehrten Liebesgöttin ein aus Thymian und anderen Kräutern bestehendes Rauchopfer dar, um sich Liebe und Fruchtbarkeit zu erbitten. Im Christentum wurden die Göttinnen durch die Muttergottes ersetzt und demzufolge wurden ihr auch viele Duftkräuter zugeordnet. Das zeigen die im Volksmund noch heute gebräuchlichen Namen wie «Unserer lieben Frau Bettstroh» oder «Marienbettstroh». Die Mädchen pflückten am Marientag ein Quendelsträußchen, das sie in der Kirche segnen ließen und dann als Talisman am Fensterrahmen ihrer Kammer aufhängten. Das sollte sie nicht nur vor dem Teufel bewahren, es versprach auch Glück. Und wer es schaffte, das zerriebene Kraut in die Schuhe des geliebten Menschen zu streuen, dem war dessen Treue auf alle Zeiten sicher. Thymiantee trinken sollte übrigens auch, wer Feen sehen möchte …

Thymian als Aphrodisiakum

Gemäß Überlieferungen sollen die den kulinarischen und «fleischlichen» Genüssen frönenden Römer vor ihren Orgien in Thymian gebadet haben, um ihre Potenz zu steigern.

Talisman der Helden und Krieger

Der Thymian war auch die Pflanze der Krieger: Die Wunden der verletzten griechischen Helden wurden mit Kräutersäften ausgewaschen und die Bandagen in die desinfizierende Lösung getaucht. Die römischen Legionäre sollen vor den Feldzügen in Thymian gebadet haben, um Mut und Kraft zu tanken. Im Mittelalter erhielt diese Symbolik neuen Auftrieb: Die Hofdamen steckten ihren Favoriten ein Thymiansträußchen ans Wams oder überreichten ihnen mit Thymian bestickte Seidentüchlein als Talisman, bevor sie an Turnieren teilnahmen oder in den Krieg zogen.

Pestschutz

Die Pest und auch andere Epidemien forderten im Mittelalter Tausende von Toten. Die Heilkundigen empfahlen damals den Menschen, aromatische Kräuter zu essen und auch den Körper damit einzureiben. Um die Gifte in den Kammern unschädlich zu machen, wurden Weihrauch und Kräuter verbrannt. Wenn sie die Kranken besuchten, stopften die Ärzte die wie Antibiotika wirkende Mischung in die Tabakspfeife oder steckten sie in den Schnabel der so genannten Pestmasken, um sich vor einer Ansteckung zu schützen. Gauner machten sich dieses Wissen zunutze, um die Häuser wohlhabender Pestopfer auszurauben. Sie sollen sich immunisiert haben mit einem Gebräu, das als «Vier-Räuber-Essig» in die Geschichte einging und Auszüge aus Goldrute, Thymian, Salbei, Lavendel, Rosmarin, Wermut und weiteren Kräutern enthielt.

Wahrheit und Legende

Auf der Suche nach Wahrheit und Legenden findet man unzählige Geschichten. Doch was Hippokrates, seine namenlosen Vorgänger und berühmte Nachfolger lehrten, hat auch heute noch weitgehend Gültigkeit. Das Geheimnis dieses wunderbaren Kräutleins liegt in der hochwirksamen Kombination seiner Inhaltsstoffe. Moderne Forschungsergebnisse bestätigen nicht nur überliefertes Wissen, sondern bringen laufend neue pharmakologische Erkenntnisse zutage, die das Anwendungsspektrum erweitern.

Botanik

Echter Thymian

Botanischer Name Thymus vulgaris
Familie Lamiaceae (Labiate – Lippenblütler)
Synonyme Gartenthymian, Gassenthymian, Gewürzthymian, Römischer Thymian, Jungferndemut, Kuttelkraut, Hühnerkohl, Immenkraut, Demut, Römischer/Welscher Quendel, Zimis usw.
Herkunft Mittel-/Südeuropa, Balkanländer, Kaukasus. Anbau in Mitteleuropa, Ostafrika, Indien, Israel, Marokko, Nordamerika, Türkei u. a.
Pflanze Verholzender Zwergstrauch, 2 bis 30 cm hoch; ausdauernd. Nördlich der Alpen teilweise nur bedingt winterhart.
Blütezeit Mai/Juni. Blüht nach dem Rückschnitt ein zweites Mal, aber nicht mehr so üppig. Je nach Sorte können die Blüten von weiß über rosa bis lila sein.
Verwendete Teile Knospen, Blüten, Blätter; frisch oder getrocknet
Inhaltsstoffe ätherisches Öl, hauptsächlich die Phenole Thymol und Carvacrol, aber auch Terpene wie p-Cymen, Campher, u.a. sowie Gerbstoffe, Flavonoide, Triterpene und weitere Stoffe

Aus den in den Herkunftsgebieten wild vorkommenden Stammpflanzen sind unzählige Unterarten und Sorten hervorgegangen, welche in den entsprechenden Kulturkreisen in der Küche und in der Heilkunde eine große Rolle spielen. Viele dieser Varietäten wurden im Laufe der Jahrhunderte in Gärten kultiviert. Daher ist Thymus vulgaris bei uns auch unter dem Oberbegriff Garten- oder Küchenthymian bekannt.

Quendel (Wilder Thymian)

Botanischer Name Thymus serpyllum
Synonyme Wilder Thymian, Feldkümmel, Feldthymian, Grundling, Hollaien, Immenkraut, Kuttelkraut, Liebfrauenbettstroh, Marienkraut, Rainkümmel, Rauschkraut, Sandthymian, Wilder Zimt, Wurstkraut usw.
Familie Lamiaceae (Labiatae – Lippenblütler)
Herkunft fast in ganz Europa heimisch
Pflanze verholzender Kleinstrauch, 2 bis 25 cm hoch (immergrün; ausdauernd)
Blütezeit je nach Standort von Juni bis September
Verwendete Pflanzenteile alle oberirdischen Pflanzenteile; frisch und getrocknet
Inhaltsstoffe ätherisches Öl, hauptsächlich die Phenole Thymol und Carvacrol, aber auch Terpene wie p-Cymol, Linalool, Cineol sowie Gerb- und Bitterstoffe, Flavonoide und weitere Stoffe

Es gibt viele Unterarten, die nach neuer Nomenklatur unter dem Sammelbegriff Thymus pulegioides L. (Gemeiner Thymian) zusammengefasst sind und als Heil- und Küchenkraut verwendet werden.

Zitronenthymian (Kreuzung/Hybride v. T. vulgaris + T. pulegioides)

Botanischer Name Thymus citriodorus
Familie Lamiaceae (Labiate – Lippenblütler)
Synonym Kinderthymian
Anbau Mittel- und Südeuropa, Ostafrika, Asien, Nordamerika u.a.
Pflanze Verholzender Zwergstrauch, 10 bis 15 cm hoch; ausdauernd. Einige Sorten sind nördlich der Alpen nur bedingt winterhart.
Blütezeit Mai/Juni. Blüht nach dem Rückschnitt ein zweites Mal, aber nicht mehr so üppig.
Verwendete Teile Knospen, Blüten Blätter; frisch und getrocknet
Inhaltsstoffe ätherisches Öl: Monoterpene, Monoterpenalkohole (Linalool, Geraniol), Phenole, Ester (Linalylacetat) und weitere Stoffe.

Zitronenthymiansorten sind in der Küche sehr beliebt. In der Medizin werden sie wegen der sanften, auch für Kinder geeigneten Wirkkraft besonders geschätzt.

Bei den Inhaltsstoffen ist entscheidend, ob es sich um frische oder getrocknete Kräuter handelt. Ferner ist der Gehalt an ätherischen Ölen von Art/Sorte, Klima, Erntezeit und Lagerung abhängig. Im Sommer kann der Phenolgehalt bis 70 % betragen (vor allem Thymol und Carvacrol). Die Sommerernte gilt in der Regel als Phenoltyp. Der Geschmack ist intensiv, die Wirkkraft stark und wärmend. Die Frühlingsernte verdankt ihren milden, frischen Duft dem hohen Anteil an Monoterpenalkoholen (bis 75 %). Deshalb gilt sie in der Aromatherapie meist als Alkoholtyp.

Echter Thymian

Quendel

Zitronenthymian

Anbauen, ernten, trocknen, konservieren

Kräuter sind eine Zierde für jeden Garten, sie bereichern das Essen und sind eine «natürliche» Hausapotheke.

Standort Der Thymian stellt an den Standort keine großen Ansprüche. Er liebt aber Wärme, Licht und Luft und bevorzugt eher alkalische, mineralische Böden ohne Staunässe. Zu viel Nährstoffe gefährden die Dauerhaftigkeit der Pflanze. Vorkom-men je nach Sorte: kriechend, als Polster oder Kleinstrauch bis rund 30 Zentimeter hoch. Verschie-dene Sorten eignen sich auch für den Topf- oder Balkongarten.
Quendel, der ebenfalls für Würz- und Heilzwecke genutzt wird, bevorzugt kalkarme Sandböden, Wegränder und trockene Wiesen.

Sorten In spezialisierten Kräutergärtnereien werden Dutzende von Varietäten angeboten. Die einen zeichnen sich durch eine spezielle Duftnote aus – von zitronig-frisch bis würzig-warm. Bei anderen gefallen die Blüten oder das Blattwerk, das von Silber über Gelbgrün bis zum satten Sommergrün und Herbstrot reicht oder mit zweifarbigem Laub verblüfft. Nur bedingt winterharte Thymiansorten müssen vor Nässe geschützt werden. Auf dem Balkon dient ein Spezialvlies als Winterschutz.

Vermehren Ableger, Stecklinge oder Aussaat (Lichtkeimer; nicht bei allen Sorten möglich), von Mai bis August.

Einkaufen Frische Thymianbüschel sind auf dem Markt und in größeren Geschäften erhältlich. Thymianpflanzen im Topf werden auch in Gärtnereien angeboten. Eine größere Auswahl findet der Interessierte in Spezialgärtnereien.

Ernten Die Triebspitzen können während der ganzen Vegetationszeit frisch verwendet werden. Ihr Aroma ist recht mild. Die Haupternte des Gartenthymians ist zu Beginn der Blütezeit. Der Gehalt an ätherischen Ölen ist an sonnigen, warmen Tagen zur Mittagszeit am höchsten.

Trocknen Das Kraut wird bündelweise an einem warmen, trockenen und dunklen Ort aufgehängt. Bei kurzem Schnitt werden die Thymianblättchen und -blüten locker auf Papier/Handtüchern ausgebreitet. Getrocknete Kräuter vor Verwendung, ob als Gewürz oder als Heilmittel, zwischen den Händen verreiben.

Aufbewahren In luftdicht verschließbaren Gläsern. Trocken, kühl und lichtgeschützt gelagert, ist das Würz- und Heilkraut etwa ein Jahr ohne Qualitätsverlust haltbar.

Konservieren Frischen Thymian (eventuell Kräutermischung) fein hacken und mit Meersalz vermengen. Thymianöl, Thymianessig und Thymiansirup: Siehe Rezeptteil ab Seite 86.

Verwendung in der Küche

Würzkräuter machen die Speisen aromatisch und bekömmlich. Die im Thymian enthaltenen Inhaltsstoffe regen die Verdauungssäfte im Magen-Darm-Trakt an. Das Kraut ist in vielen landestypischen Gerichten unverzichtbar. Vor allem in den südlichen Ländern gilt der nach Sommersonne und Ferien duftende Thymian als eines der wichtigsten Würzkräuter. Er harmoniert bestens mit Oregano, Lorbeer und Muskat.
Auch in Ägypten ist der Thymian sehr beliebt. So ist er beispielsweise im «dukkah» enthalten, wie eine pikante-aromatische Mischung, bestehend aus Kreuzkümmel, Koriander, Thymian, schwarzem Pfeffer, Kichererbsen, gerösteten Samen, Bittermandeln und Nüssen, genannt wird. Diese Paste wird zum Würzen von Fleisch verwendet. Zusammen mit Weißbrot und Olivenöl ergibt sie zudem eine einfache, sättigende Mahlzeit. Getrockneter Thymian ist Bestandteil von «zahtar», einem aus Jordanien stammenden salzig-würzigen Gebäck aus Hefeteig.

Aroma

Der Thymiangeschmack reicht je nach Sorte von mild bis pfeffrig, lieblich-dezent bis rauchig-beißend, herb-harzig oder süß. Sehr beliebt sind auch die frischen Zitronen- und Orangenaromen.

Handelsform

Ganzes Kraut frisch, mit oder ohne Blüten; getrocknet oder in Pulverform.
Getrocknet ist die Würzkraft zwei- bis dreimal höher als die des frischen Thymians. Getrocknete Kräuter sollten möglichst früh der Speise beigegeben werden, da sich das Aroma erst beim Kochen entfaltet.
Frischer Thymain schmeckt sanfter, weniger rauchig. Er harmoniert ausgezeichnet mit Fisch und mediterranen Gemüsegerichten wie Ratatouille.
Frischen Thymian erst vor dem Servieren beigeben, damit sich die ätherischen Öle nicht verflüchtigen.

Mit Thymian würzen
Harmoniert gut mit anderen mediterranen Kräutern.

Beilagen Gerichte aus Getreide, Hülsenfrüchten, Kartoffeln

Eier/Milchprodukte salzige Omeletts, Quarkspeisen, Frisch- und Weichkäse

Gemüse vor allem Auberginen, Zucchini, Bohnen, Gurken, Sauerkraut, Tomaten, Kürbis, Zwiebeln usw.

Pilze besonders fein zu Mischpilzen

Salat/Sauce Einen Hauch des Würzpulvers in die Sauce. Ganze oder gehackte frische Blättchen vor dem Servieren darübergeben.

Suppe Etwas Würzpulver in die Suppe geben (auch in Fleischbrühe oder Kräutersauce). Frische Blättchen vor dem Servieren darüberstreuen.

Süßspeise ideal für Früchtedesserts

Brot/Pizza Frische oder getrocknete zerriebene Blättchen in den Brotteig geben oder auf die Pizza streuen.

Fisch/Schaltiere zu Süßwasser- und Meeresfisch, für Krebsgerichte und frische Muscheln

Wild/Geflügel gehört in jede Marinade oder Beize

Fleisch Kalb, Rind, Lamm, Schwein, Kaninchen; auch für Hackfleisch, Kebab, Wurstsalat oder Pastetenfüllungen

Tipp Wenn zum Würzen weder frischer noch getrockneter Thymian verfügbar ist, kann man sich mit der Kräutermischung «Herbes de Provence» behelfen, in der Thymian einer der Hauptbestandteile ist.

Kräuterbündel Thymianzweige mit anderen frischen Kräutern zu einem Sträußchen binden und in Suppen, Saucen oder Eintöpfen mitkochen. Kräuterbündel vor dem Essen entfernen. Je nach Land werden andere Sorten bevorzugt: In Südfrankreich wird Thymian provençale verwendet, auf Kreta Kümmelthymian.

Blackening Bratgut (Fleisch/Fisch) in flüssige Butter tauchen, mit einer Kräutermischung (Paprika, weißer Pfeffer, Thymian, Oregano, Knoblauch- und Zwiebelpulver) bedeckt in einer schweren Pfanne bei hoher Hitze rasch und ohne weitere Fettzugabe garen (eine in New Orleans/USA gebräuchliche Kochtechnik).

Aromaküche Ätherische Öle und Würzessenzen von höchster Reinheit und Qualität ergänzen frische oder getrocknete Kräuter auf ideale Weise und verstärken das Geschmackserlebnis der natürlichen Aromen. Vor allem im Zitronentymian (Thymian, Chemotyp Linalool) aus Frankreich) sind die Inhaltsstoffe sehr ausgewogen.
Ätherische Öle nie direkt in die Speisen geben, sondern mit Öl, Rahm/Sahne, Milch oder Honig vermischen (3–5 Tropfen auf ½ dl/50 ml) und so den Speisen zufügen.
Menge: Die hochkonzentrierten Öle sind in geringer Dosierung zu verwenden. 1 Tropfen ätherisches Öl entspricht etwa 20 Gramm getrockneten Kräutern.

Heilkraut mit breitem Spektrum

Der Thymian ist ein Tausendsassa: Nicht nur in der Küche, auch in der Heilkunde besitzt das Kraut einen hohen Stellenwert. Das breite, von zahlreichen Studien bestätigte Wirkspektrum beruht auf der Komplexität der über 100 Inhaltsstoffe. Die in den ätherischen Ölen enthaltenen bioaktiven Substanzen, die vor allem aus Terpenen, Terpenalkoholen, Phenolen und Estern bestehen, sind in der Lage, Mikroorganismen (Pilze, Bakterien, Viren usw.) abzutöten. Das Heilkraut entgiftet, es stimuliert die Hormonproduktion und stärkt das Immunsystem. Der Thymian wird in der Volksmedizin, in der Aromatherapie, in der ayurvedischen Medizin und in vielen anderen Naturheilverfahren eingesetzt. Die Zusammensetzung der Inhaltsstoffe variiert stark und ist abhängig vom Chemotyp der Pflanzen (siehe Aromatherapie).

Therapeutische Eigenschaften Der Thymian ist anregend, antibakteriell, antibiotisch, antiseptisch, appetitanregend, auswurffördernd/beruhigend/krampflösend (Atemwegserkrankungen), desinfizierend, desodorierend, durchblutungsfördernd, pilztötend, entzündungshemmend, immunisierend, schleimlösend, schweißtreibend, stärkend, tonisierend, verdauungsfördernd. Zudem schützt das lipophile Thymol in fetten Ölen die mehrfach ungesättigten Fettsäuren sehr effektiv vor Oxidation, was den Alterungsprozess der menschlichen Zellen verlangsamt.

Verwendete Teile Frisches Kraut, Droge (getrocknete Pflanzenteile), ätherische Öle.

Hinweis Bei allen Anwendungen ist auf die exakte therapeutische Dosis zu achten. Eine Überdosierung kann eine Krankheit auslösen, statt sie zu heilen. Der Abbau (Verstoffwechselung) führt zu einer Überlastung der Leber – besonders wenn es sich bei den Präparaten um Phenoltypen handelt. Deshalb sollte die Behandlung nicht länger als 3 Wochen dauern. Bei Schilddrüsenüberfunktion darf Thymian nicht verwendet werden. Bei Kindern (vor allem bei unter 6-jährigen) ist die für Erwachsene angegebene Dosis mindestens zu halbieren.

Volksmedizin

Kräutertee

Thymian wird bei vielen Beschwerden eingesetzt und oft mit anderen Heilkräutern kombiniert.

Zubereitung
½ Teelöffel Thymiankraut auf eine Tasse kochendes Wasser geben, 5 Minuten ziehen lassen, abseihen. 2 bis 4 Tassen täglich trinken
Anwendung
Atemwege Asthma, Bronchitis, Halsentzündung, Heiserkeit, Husten, Katarrh, Keuchhusten, Reizhusten

Ausscheidungsorgane/Stoffwechsel Blasenschwäche/-entzündung (fördert die Ausscheidung von Harnsäure und reinigt das Blut), Nierenentzündung
Diverses Infektionskrankheiten, Kater, Nervenschwäche, Rheuma, Gicht, Ekzem und Heuschnupfen

Zubereitung
je 1 Prise Thymian, Eisenkraut, Orangenblüten und Quendel auf 1 Liter kochendes Wasser geben, 5 Minuten ziehen lassen, abseihen
Anwendung
Verdauungssystem Sodbrennen, Kolik/Durchfall, Magen-/Darmbeschwerden, Leberschwäche, Mundgeruch, Verstopfung
dieser Tee soll auch bei Wurmbefall wirksam sein

Zubereitung
Mischung aus Thymian, Linden- und Orangenblüten
Anwendung
Schlafstörungen
Gedächtnis und Abwehrkräfte

Badezusatz, für Umschläge, Spüllösungen und Waschungen

Zubereitung
1 Handvoll frisches oder 1 Esslöffel getrocknetes Kraut auf 1 Liter kochendes Wasser – eventuell in Kombination mit anderen Heilkräutern
Anwendung
Bewegungsapparat Umschläge (evtl. Teilbäder) bei Verstauchungen, Verrenkungen, Quetschungen, Gelenkschmerzen.
Haut Umschläge/Waschungen bei Furunkeln, Pickeln, Schnitt- und schlecht heilenden, entzündeten Wunden

Zum Gurgeln und Spülen

Zubereitung
je 2 Prisen Thymian und Rosenblätter, je 1 Prise Rosmarin und Salbei mit ¼ Liter siedendem Wasser übergießen, 30 Minuten ziehen lassen, abseihen
Anwendung
Parodontose, Mund-/Zahnfleischentzündungen

Rezepte einer alten Kräuterfrau

- Zur Behandlung von Blutarmut bei Erwachsenen nimmt man getrockneten Quendel oder Thymian und getrocknete Brennnesseln zu gleichen Teilen, übergießt sie mit kochendem Wasser und lässt den Aufguss 10 Minuten ziehen, abseihen. 3 Tassen Tee täglich schluckweise trinken.

● gegen Rheuma- und Ischiasschmerzen: Warmen Umschlag mit zerhacktem frischem Quendel oder Thymian auflegen

● Thymianbäder (Badezusatz) 1 Handvoll frisches oder 1 Esslöffel getrocknetes Kraut auf 1 Liter kochendes Wasser. Zur Stärkung bei Rekonvaleszenz und für schwächliche Kinder. Hinweis: Bei Kindern unter 6 Jahren Dosis mindestens halbieren.

● Bei Insektenstichen das Kraut auf der Haut verreiben.

Quendelöl zum Einreiben schmerzender Gelenke, zur Behandlung von Hautschäden und Dermatosen
1 Handvoll frischer Quendel oder Thymian in 1 Liter Olivenöl geben. 2 Stunden im Wasserbad auf ca. 60 °C erwärmen; durch ein feines Tuch abseihen.

Quendelgeist zum Einreiben bei Quetschungen, Verstauchungen, Geschwüren und Abszessen
1 Handvoll Thymian oder Quendel einige Tage in ½ Liter Schnaps ziehen lassen. Durch ein feines Tuch filtern.

Quendelgeist (siehe oben) bei Parodontose: Zahnbürste in die Lösung tauchen und das Zahnfleisch damit massieren. Bei entzündetem Mund und Rachen mit verdünnter Lösung gurgeln.

Aromatherapie

Man darf die Heilwirkung des ätherischen Thymianöles nicht mit jenen der ganzen Pflanze vergleichen, weil das Öl viel konzentrierter ist. Das Spektrum der Inhaltsstoffe wird von der Pflanzenart, von den klimatischen Bedingungen (Sonneneinstrahlung) und vom Boden sowie von der Erntezeit beeinflusst. Wichtig in der Aromatherapie:

● Alkoholtyp: Thymian Linalool/Zitronenthymian und Thymian Geraniol

● Phenoltyp: Thymian Thymol, Thymian Thujon, Thymian Carvacrol, Thymian Serpyllum, Thymian Thujanol und Thymian provençale

Die ätherischen Öle können dem Organismus auf verschiedenen Wegen zugeführt werden:

Über die Haut (nur Chemotyp Linalool) Hautpflege und Massagen, Wickel, Einreibungen, Auflagen

Über die Nase Inhalation; Kompressen; Verdampfung mittels Duftlampe. Die eingeatmeten Düfte beeinflussen das psychische und körperliche Befinden ganz unmittelbar, denn einerseits gelangen sie über die Riechschleimhaut in der Nase direkt zum limbischen System im Gehirn (die Schaltstelle zwischen Hirnstamm und Grosshirnrinde regelt die vegetativen Organfunktionen), andererseits gelangen sie über Lunge in den Blutkreislauf.

Über den Mund (nur Chemotyp Linalool) Hochwertige ätherische Öle können auch innerlich angewendet werden. Sie müssen dazu emulgiert, d. h. in Honig, Rahm/Sahne oder Öl gelöst werden. Nur dann sind sie nicht schleimhautreizend (z. B. 1 Tropfen Thymian Linalool auf 1 TL Honig). Bei Kindern nur milden Linalool-Typ verwenden.

Ätherische Öle wirken auf feinstofflicher Ebene. Margrit Enz, erfahrene Aromatherapie-Ausbilderin und Autorin, sagt, dass weniger mehr ist. Beim Kauf auf Sortenreinheit und Bio-Qualität achten.

Für Entspannung und Schönheit

Raumharmonie

Das Räuchern gehört zu den ältesten Methoden der Duftanwendung. Es ist vor allem in der schamanischen und ayurvedischen Heilkunde ein elementarer Bestandteil ganzheitlicher Medizin und unterstützt die Heilung von Seele, Körper und Geist. Das Räucherwerk schafft in den Räumen, in denen sich Menschen aufhalten, eine angenehme Atmosphäre und dient der Reinigung. Da die Energien der Pflanze auf feinstofflicher Ebene freigesetzt werden, ermöglicht es, als Ritual zelebriert, ein bewusstes Innehalten und unterstützt die Harmonisierung und Klärung der Sinne. Thymian gehört zu den wichtigsten einheimischen Kräutern und gibt Räuchermischungen eine kräftige Note. Susanne Fischer-Rizzi schreibt in ihrem Buch «Botschaft an den Himmel», dass der Thymian den Willen und das Selbstvertrauen kräftige und in Krisenzeiten das Durchsetzungsvermögen stärke. Der intensive Duft mache wach und erwärme innerlich.

Anwendung Thymian oder Kräutermischung in eine Räucherschale über Räucherkohle legen und anzünden. Die frischen oder getrockneten Kräuter können auch auf der Herdplatte in einer Gusseisenpfanne bei schwacher Hitze «geröstet» werden. Da zu intensives Räuchern zu einer Umkehrwirkung führen kann, ist es mit Vorsicht anzuwenden.

Planetenzuordnung Sonne, Venus
Elementzuordnung Feuer, Wärme, Trockenheit
Attribut Mut, Lebenskraft, Opfer, Reinheit (Echter Thymian); Aphrodite, Maria, Musen Reinigung (wilder Thymian)
Indikationsgebiet Atemwege, Depression, Erkältung, Müdigkeit, Kopfweh, Kreislauf, Muskelschmerzen, Verdauung
Thymianöl kann mit Lavendel-, Rosmarin-, Zitrus- und Gewürzölen kombiniert werden.

Schönheit

Auch in der Kosmetik werden die ätherischen Öle des frischen Thymians oder von Thymianessenzen genutzt.

Morgenmuffelbad je 1 Tropfen Thymianöl (nur Linalooltyp), Rosmarinöl, Lavendelöl mit Rahm/Sahne oder Milch verrühren und ins Badewasser geben.

Erfrischendes Fußbad 1 kleine Handvoll frischen oder 1 gestrichener Esslöffel getrockneten Thymian mit heißem Wasser übergießen; 1 Esslöffel Meersalz in das Fußbad geben.

Gesichtsdampfbad/ Lotion/ Kompressen
Äußerliche Anwendung Bei Akne, Mitesser und fettiger Haut: 2 Prisen Thymian und 1 Prise Eisenkraut auf 1 Liter kochendes Wasser geben. Erfrischt und tonisiert fahle, trockene Haut.
Innerliche Anwendung je 1 Prise Quendel, Minze und Erdbeerblätter mit einer Tasse heißem Wasser übergießen, 5 Minuten ziehen lassen, abseihen. Morgens und abends je 1 Tasse trinken (wirkt antiseptisch und reinigend).
Spülungen Gegen fettiges Haar, Schuppen und Haarausfall hilft ein Absud aus je 1 Prise Thymian, Brennnesseln, Rosmarin, Schachtelhalm und Zitronenmelisse auf 1 Liter Wasser. Um die Hälfte einkochen und auskühlen lassen. Zuletzt ein wenig Zitronensaft dazugeben. Den Haarboden regelmäßig mit der Abkochung massieren.
Massageöl 1 Tropfen Thymianöl mit Weizenkeimöl und Olivenöl (oder Jojobaöl oder Macadamianussöl) mischen: Beugt Orangenhaut vor und aktiviert erschlaffte Haut.
Nicht in der Schwangerschaft verwenden.

Allerlei mit Thymian

Kräuterschmuck und Girlanden Holen Sie den Duft des Sommers mit frischen Thymiansträußchen in die Wohnräume oder winden Sie den Thymian mit anderen Kräutern, die ihr Aroma auch in getrocknetem Zustand abgeben, zu Girlanden.

Duftschalen Kräutermischungen in hübschen Schalen aufstellen. Sie vertreiben unangenehme Gerüche und verbessern das Raumklima. Wenn die Mischung Beifuß, Gartenraute, Rainfarn und Wermut enthält, bleiben die Fliegen weg.

Kräuterkissen Der Duft von Thymian und anderen Kräutern macht den Kopf frei und hat eine entspannende, schlaffördernde Wirkung.

Typ 1 (niedrig)
Flaches Polster, 2–5 cm hoch, kompakt bis locker wachsend. Bei alten Pflanzen besteht die Tendenz, dass sie von innen heraus verkahlen. Deshalb müssen sie ab und zu geteilt und neu gepflanzt werden. Polsterthymiane sind trittfest und als Duftrasen besonders geeignet. Viele der hier abgebildeten Sorten haben einen hohen Zier- und Gartenwert.

Thymianarten

3

4

5

	Gattung	Art	Sorte/Name	Spezifikationen	Besonders geeignet	Gewürz	Teepflanze	Heilpflanze
1	Thymus	carnosus	Fleischiger Thymian		vorzügliches Küchenkraut	X	X	X
2		herba-barona	Kümmelthymian Herkunft: Sardinien, Korsika, Kreta	flaches Polster; karminrote Blüten; leichte Kümmelnote	vorzügliches Küchenkraut	X	X	X
3		herba-barona citriodora	Zitroniger Kümmelthymian	Duftrasen	vorzügliches Küchenkraut	X	X	X
4		pulegioides	Quendel 'Ruby Glow'	breitblättrig	vorzügliches Küchenkraut	X	X	X
5		pulegioides	Quendel 'Ruby Glow'	rotblühend	vorzügliches Küchenkraut	X	X	X
6		pulegioides	'Tabor'	Duftrasen	vorzügliches Küchenkraut	X	X	X
7		thracicus	'Lavendel'	Lavendelduft	zum Räuchern			X
8		thracicus	'Pinewood'	Pinienduft	zum Räuchern			X
9		x citriodorus	'Bertram Anderson'	beim Austrieb gelbes Laub	vorzügliches Küchenkraut	X		X

Typ 2 (mittel)
Leicht verholzende Zwergsträucher, kompakte Wuchsform, 8–15 cm hoch.

	Gattung	Art	Sorte/ Name	Spezifikationen	Besonders geeignet	Gewürz	Teepflanze	Heilpflanze
1	Thymus	x citriodorus	Zitronenthymian	schmalblättrig; lockeres immergrünes Polster	feiner Genusstee; Fischgewürz	X	X	X
2		x citriodorus	'Doone Valley'	Blätter goldgelb, Im Winter rötlich	vorzügliches Küchenkraut	X	X	X
3		x citriodorus	'Silver Queen' weißbunter Zitronenthymian	frisches Zitronenaroma	vorzügliches Küchenkraut	X	X	X
4		x citriodorus	'Villa Nova'	gelbbunt im Frühjahr; vergrünend im Sommer	vorzügliches Küchenkraut	X	X	X
5		longicaulis	'Odoratus' (Kaskadenthymian)	starkwachsend; bildet lange Ranken; idealer Bodendecker	feiner Duft	X	X	
6		vulgaris	'Silver Posy'	weißbunt; leicht pfeffrig	vorzügliches Küchenkraut	X	X	X

1

2

3

4

5

6

7

Typ 3 (hoch)

Verholzende Kleinsträucher, 15–25 cm hoch; lockerer und breiter als Typ 2. Der Rückschnitt von älteren Pflanzen darf nicht zu tief sein.

	Gattung	Art	Sorte/ Name	Spezifikationen	Besonders geeignet	Gewürz	Teepflanze	Heilpflanze
1	Thymus	fragantissimus	Orangenthymian	natürlich wachsend; mit blaugrauem Laub; süßer Duft	vorzügliches Küchenkraut, feiner Genusstee	X	X	X
2		richardii	'Peter Davis'	rosa Blüten, blaugrüne, koniferenartige Blattrispen	feiner Genusstee	X	X	X
3		rotundifolius	rundblättriger Thymian	rosa Blüten; feiner Duft; leicht gedrehte Wuchsform	vorzügliches Küchenkraut	X	X	X
4		vulgaris	'Annot'		vorzügliches Küchenkraut	X	X	X
5		vulgaris	'Compactus'	meistverkaufter Küchenthymian	vorzügliches Küchenkraut	X	X	X
6		vulgaris	'Deutscher Winter'	Vermehrung durch Samen	vorzügliches Küchenkraut	X	X	X
7		camphoratus	Herkunft Portugal	rotviolette Blüten; kampferartiger Duft	zum Räuchern und Inhalieren			X

Aperitif – Vorspeisen

1 Orange, Saft
½ Zitrone, Saft
¼ dl/25 ml Campari
½ dl/50 ml Grenadine- oder Himbeersirup
1½ dl/150 ml Prosecco oder Sekt
1½ dl/150 ml kohlensäurehaltiges Mineralwasser
1 Sträußchen Zitronenthymian, 2 g

Fruchteiswürfel
je 1 Orange und Zitrone, Saft

abgezupfte Thymianblättchen, verschiedene Sorten

1 Für die Fruchteiswürfel Orangen- und Zitronensaft getrennt in Eiswürfelbehälter oder in kleine Herzformen füllen, im Tiefkühler gefrieren lassen.

2 Für die Bowle alle flüssigen Zutaten verrühren. Thymiansträußchen zugeben, 3 Stunden kühl stellen. Kräutersträußchen entfernen.

3 Eiswürfel oder Eisherzen in Gläser verteilen. Bowle dazugeben, mit Thymian garnieren.

Orangenbowle

mit Zitronenthymian und bunten Eisherzen

Thymian-Foccacia

10 g Thymianzweiglein, beliebige Sorte, oder
2 g getrockneter Thymian
500 g Weizenmehl/ Mehl Type 1050
½ Hefewürfel (21 g)
3 dl/300 dl lauwarmes Wasser
2 TL Salz
50 g getrocknete Tomaten, klein gewürfelt
6 EL Olivenöl extra nativ

1 Thymianblättchen von den Stielen zupfen und hacken.

2 Thymian und Mehl in einer Teigschüssel mischen, eine Vertiefung formen. Hefe in die Vertiefung geben, mit etwa 1 dl/100 ml lauwarmem Wasser und ein wenig Mehl vom Rand glattrühren. Den Vorteig 20 Minuten ruhen lassen.

3 Salz, getrocknete Tomaten und Olivenöl unter den Vorteig rühren. Restliches Wasser zugeben, von Hand oder in der Küchenmaschine mit dem Knethaken zu einem elastischen Teig verarbeiten. Teigschüssel mit einem feuchten Tuch zudecken. Teig bei Zimmertemperatur auf das doppelte Volumen aufgehen lassen, 2 bis 3 Stunden.

4 Den Backofen auf 220 °C vorheizen. Den Rücken eines rechteckigen Backblechs mit Öl einfetten.

5 Den Foccaciateig nochmals durchkneten, auf dem Blechrücken etwa 2 cm dick und rechteckig ausziehen oder leicht ausrollen. Nochmals 15 Minuten gehen lassen.

6 Foccacia auf der zweituntersten Schiene in den Ofen schieben, bei 220 °C 15 bis 20 Minuten backen.

Tipp Mit einem Thymian-Tomatensalat servieren.

Zucchini-Carpaccio
mit Tomaten und Thymianöl

300 g Zucchini

Thymianblütensalz, Seite 86,
oder
Fleur de Sel
frisch gemahlener Pfeffer
4 EL Tomatenconcassée
Thymianöl, Seite 87

Thymianblättchen,
z. B. Zitronenthymian
Thymianblüten

1 Zucchini beidseitig kappen, dann am besten mit der Aufschnittmaschine in möglichst feine Scheiben schneiden.

2 Zucchinischeiben auf flache Teller verteilen, mit Thymianblütensalz und Pfeffer würzen, Tomatenconcassée darübergeben, mit dem Thymianöl beträufeln. Mit Thymianblättchen und Thymianblüten garnieren.

Tomatenconcassée 100 g gehackte Zwiebeln in 4 EL Olivenöl bei schwacher Hitze 5 Minuten dünsten, 1 EL Tomatenpüree unterrühren, 500 g große Fleischtomaten (geschält, Stielanasatz ausgestochen, Tomaten geviertelt, gallertartige Masse mit Kernen entfernt, Fruchtfleisch klein gewürfelt) zugeben, erhitzen, bei schwacher Hitze rund 15 Minuten köcheln lassen, 1 Thymiansträußchen beigeben, in den Tomaten 5 Minuten ziehen lassen, dann wieder entfernen. Concassée mit 1 TL Fleur de Sel und 1 Prise Zitronenpfeffer abschmecken. Ist im Kühlschrank einige Tage haltbar. Kalt und warm verwendbar.

Auberginen
mit Tomaten und Thymianöl

300 g Auberginen
4 EL Tomatenconcassée, oben
½ TL Peperoniciniwürfelchen
abgezupfte Thymianblättchen,
z. B. Zitronenthymian
Fleur de Sel
2 EL Thymianöl, Seite 87
Balsamicocrème

1 Auberginen in 5 mm dicke Scheiben schneiden, in einer Bratpfanne in Olivenöl bei mittlerer Hitze beidseitig braten, auf Küchenpapier entfetten.

2 Auberginen auf Teller legen, mit Tomatenconcassée und Peperoncini-/Chiliwürfelchen und Thymianblättchen garnieren. Mit Fleur de Sel würzen, mit Thymianöl beträufeln und mit Balsamicocrème (dickflüssiger Balsamio für Garnituren, im Handel erhältlich) garnieren.

Abbildung

Thymian-Marshmallows

mit Cherrytomaten

für ein Kuchenblech oder eine rechteckige Form von 20 x 30 cm Länge und 4 cm Höhe

für 12 Personen

17 Gelatineblätter
15 g Thymian, z. B. 'Compactus'
2 dl/200 ml Wasser
½ dl/50 ml Zitronensaft
½ dl/50 ml Weißwein
1 Prise Zucker
Meersalz
frisch gemahlener Pfeffer
500 g kleine Cherrytomaten

Fleur de Sel
Olivenöl extra nativ
Thymianblättchen für die Garnitur, z. B. 'Compactus'
Thyminanblüten für die Garnitur

1 Das Kuchenblech oder die Backform mit Backpapier belegen. Gelatine in viel kaltem Wasser einweichen. Gut ausdrücken.

2 ¼ des Thymians von den Stielen zupfen, grob hacken und zur Seite stellen. Restichen Thymian mit Stielen, Wasser, Zitronensaft und Weißwein in einen Kochtopf geben, aufkochen, kräftig würzen (das Volumen wird sich vervielfachen), 2 bis 3 Minuten ziehen lassen. Thymian entfernen. Gelatine unterrühren.

3 Die heiße Masse in die Rührschüssel der Küchenmaschine geben und mit dem Schneebesen auf höchster Stufe genau 7 Minuten schlagen. Gehackten Thymian zugeben, nochmals 1 Minute schlagen. Die Eischnee ähnliche Masse füllt nun ⅔ der Schüssel. Jetzt muss es rasch gehen: Marshmallow-Masse sofort in das vorbereitete Blech füllen, mit einem Gummischaber glattstreichen, Cherrytomaten im gleichmäßigen Abstand in die Masse drücken. Im Kühlschrank mindestens 2 Stunden fest werden lassen.

4 Die Masse aus der Form stürzen, das Papier abziehen, die Masse in Würfel schneiden. Abschmecken mit Fleur de Sel und Olivenöl, mit Thymianblättchen und Blüten garnieren.

Zum Rezept Dieses Rezept verdanke ich meinem Freund Martin Surbeck, der einer der kreativsten Köche in der Schweiz ist. Der Thymian kann zur Abwechslung durch Maggikraut, Rosenblütenblätter, Basilikum usw. ersetzt werden.

Quendel-Muffins

mit Rohschinken und Melonen

für 6 Muffins

300 g Melonenkugeln oder -klößchen von Honig-, Cavaillon- und Wassermelone
60 g Jabugo-Schinken (spanischer Rohschinken) oder ein anderer Rohschinken, in Streifen
Thyminanblättchen, beliebige Sorte
frisch gemahlener Pfeffer
Balsamicocrème
Orangen-Olivenöl (Feinkost-/Naturkostladen)

Muffins

125 g Dinkelweißmehl/Mehl Type 630
¼ TL Salz
3 Umdrehungen schwarzer Pfeffer
1 TL phosphatfreies Backpulver
¼ TL Natron
75 g Jabugo-Schinken (spanischer Rohschinken), klein gewürfelt
1 EL in Öl eingelegte Schalotten
1 Sträußchen Quendel, abgezupfte Blättchen (5 g)
1 Eigelb von einem Freilandei
25 g flüssige Butter
150 g Sauerrahm/saure Sahne

1 Backofen auf 200 °C vorheizen. Muffinförmchen mit Butter einfetten.

2 Mehl, Salz, Pfeffer, Backpulver, Natron, Schinken, Schalotten und Thymian mischen. Die restlichen Zutaten glattrühren, zur Mehlmischung geben, zu einem Teig rühren. In die Förmchen füllen.

3 Muffins auf der zweituntersten Schiene in den Ofen schieben, bei 200 °C 12 Minuten backen.

4 Muffins warm aus den Förmchen nehmen, anrichten. Mit Melonenkugeln, Rohschinken und Thymian garnieren, mit Pfeffer abschmecken, mit Balsamicocrème und Orangen-Olivenöl dekorieren.

Tipp Wenn man die Muffins nicht gleich serviert, kann man sie später im Ofen bei 200 °C 5 bis 8 Minuten erwärmen.

In Öl eingelegte Schalotten 200 g Schalotten oder 2 mittelgroße Zwiebeln sehr fein hacken. In einem kleinen Topf in 1½ dl/150 ml Erdnussöl unter öfterem Rühren 10 Minuten bei schwacher Hitze dünsten. Auskühlen lassen. Schalotten mit dem Öl in ein Glas mit Schraubverschluss füllen. Im Kühlschrank aufbewahren. Lagerdauer: 3 bis 4 Wochen. Das Vorbereiten hat den Vorteil, dass die Schalotten/Zwiebeln bereits gar sind und so auf die Garzeit der Speise keinen Einfluss haben. Zum Einlegen ein geschmacksneutrales Öl wie das Erdnussöl verwenden.

4 kleine blaue Kartoffeln,
z. B. Blauer Schwede
4 bunte Blattsalatsträußchen
Blüten und Kräuter für die Garnitur
2 EL gekeimte Hülsenfrüchte

Dressing
75 g Kartoffeln
2 EL Thymianessig, Seite 86
1 dl/100 ml Gemüsebrühe
2 g abgezupfte Villa-Nova-Thymianblättchen
2 EL Thymianöl, Seite 87

1 Blaue Kartoffeln und Kartoffeln für das Dressing im Dampf weich kochen. Blaue Kartoffeln schälen und in Scheiben schneiden.

2 Kartoffeln für das Dressing ebenfalls schälen, mit Thymianessig, Gemüsebrühe und Thymianblättchen fein mixen, mit dem Thymianöl aufmixen/aufschlagen.

3 Blaue Kartoffeln, Salatsträußchen, Blüten und Blätter anrichten, Keimlinge darüberstreuen. Dressing separat servieren.

Blattsalat und blaue Kartoffeln

mit Villa-Nova-Thymian-Dressing

Kaninchensülze

mit Orangenthymian und Rosenblütenblättern

für eine Terrinenform von 1 l Inhalt
für 10 Personen

600–700 g Kaninchenschenkel/-keulen
1 EL Salz
40 g Lauch
1 große Karotte, geschält, in Stäbchen
50 g Zwiebeln
2 Knoblauchzehen
Tropic-Pfeffer (Pfeffermischung aus Szechuanpfeffer, Piment, rosa Pfeffer, schwarzem Pfeffer und weißem Pfeffer), oder ½ TL schwarzer Pfeffer
1 Thymiansträußchen (5 g), beliebige Sorte
trockener Sherry
10 Blatt Gelatine
20 g ungespritzte Rosenblütenblätter

1 Kaninchenschenkel in einen kleinen Topf geben, knapp mit Wasser bedecken, Salz zugeben, aufkochen, Schaum abschöpfen, Lauch, Karotten, Zwiebeln, Knoblauch und Tropic-Pfeffer zugeben, Kaninchenfleisch bei schwacher Hitze 1 Stunde köcheln, bis sich das Fleisch leicht vom Knochen löst. Die Kaninchenschenkel aus der Brühe nehmen und vom Knochen lösen.

2 Gelatineblätter in kaltem Wasser einweichen, gut ausdrücken.

3 Karotten aus der Brühe nehmen und beiseite legen. Brühe durch ein Sieb passieren, in den Topf zurückgießen und bei mittlerer Hitze auf ½ l einkochen lassen. Topf von der Wärmequelle nehmen. Thymiansträußchen zugeben, 5 Minuten ziehen lassen. Thymian entfernen. Brühe mit Sherry und Salz abschmecken (kalte Brühe schmeckt weniger salzig, entsprechend kräftig muss sie im warmen Zustand gewürzt werden). Gelatine unterrühren. Die Brühe im kalten Wasserbad auf Handwärme abkühlen lassen.

4 Eine Terrinenform mit Klarsichtfolie auskleiden. Fleisch, Karotten und Rosenblüten abwechselnd in die Form legen, mit der Brühe auffüllen. Mindestens 3 Stunden kühlstellen.

5 Kaninchensülze aus der Form nehmen, portionieren. Mit Blattsalat anrichten.

Tipps Kaninchensülze ist im Kühlschrank in Klarsichtfolie eingewickelt oder in einer Vorratsdose 1 Woche haltbar. Zur Sülze Thymian-Honig-Senf und knuspriges Brot servieren.

Fleischbällchen

mit Thymiandip

für 8 Personen

Fleischbällchen
250 g Kalbs- oder Schweinehackfleisch
50 g Zwiebeln, fein gehackt
1 Freilandei
1 Knoblauchzehe, fein gehackt oder durchgepresst
1 Prise milde Currymischung
2 EL abgezupfte Quendelblättchen oder eine andere Thymiansorte
40 g Mie de pain, Seite 70
Salz
frisch gemahlener Pfeffer

1 EL Mais- oder Kartoffelstärke
Thymianzweiglein zum Aufspießen, z. B. 'Deutscher Winter'

Olivenöl zum Braten

Thymiandip
100 g saurer Halbrahm/saure Sahne
½ EL mildes Currypulver
1 TL rote Peperoni-/Gemüsepaprikawürfelchen
1 EL abgezupfte Quendel- oder andere Sorte Thymianblättchen

1 Für die Fleischbällchen alle Zutaten mischen, mit Salz und Pfeffer abschmecken. Das Fleisch in Portionen von 10 g teilen, Bällchen formen und in Stärkemehl wenden. Im Olivenöl bei mittlerer Hitze langsam braten. Die Thymianzweiglein in die Fleischbällchen stecken.

2 Für den Dip alle Zutaten mischen.

3 Fleischbällchen in kleinen Schalen oder Amuse-Bouche-Löffeln (siehe Bild) auf dem Dip anrichten. Oder Dip separat servieren.

Suppen

Thymian-Hefeschaumsüppchen

mit gefüllter Knusperzigrarre

für 4 bis 8 Personen

Süppchen

3/4 l kräftige Hühnerbrühe
2½ dl/250 ml Weißwein mit guter Säure, z. B. Riesling oder Chardonnay
1 Limette, Saft
1 Hefewürfel (42 g)
2 EL in Öl eingelegte Schalotten, Seite 36
1 TL Kartoffel- oder Maisstärke
2 dl/200 ml Rahm/Sahne
½ TL Zitronenpfeffer
1 Thymiansträußchen (5 g), z. B. Kümmelthymian (zitroniger Kümmelthymian)

Knusperzigarre

4–8 tiefgekühlte Frühlingsrollenblätter aus dem Asiashop
4–8 EL rohe Hackfleischmasse, Seite 42
1 TL Mehl
1 TL Wasser
Olivenöl zum Frittieren

1 Tassen oder Gläser vorwärmen.

2 Für das Süppchen alle Zutaten, außer Thymian, in einem Topf aufkochen, bei schwacher Hitze 10 Minuten köcheln lassen. Thymian die letzten 2 bis 3 Minuten in der Suppe ziehen lassen, entfernen.

3 Für die Knusperzigarren die Frühlingsrollenblätter auf die Arbeitsfläche legen, je 1 EL Hackfleischmasse darauf verstreichen, satt einrollen. Mit dem angerührten Mehl zukleben. Zigarren im Olivenöl bei 160 °C 2 Minuten frittieren.

4 Heißes Süppchen mit dem Stabmixer schaumig aufmixen, in den vorgewärmten Tassen anrichten.

Tipp Suppenmenge ohne Rahm/Sahne verdoppeln und portionsweise tiefkühlen. Thymian-Espuma: gekochtes Süppchen durch ein feines Sieb passieren, in eine Siphonflasche (Rahmbläser) füllen und mit 2 CO_2-Patronen laden (Gebrauchsanleitung des Herstellers beachten). Espuma in hohe Gläser/Sektgläser spritzen; bei dieser Methode bleibt der Schaum länger fest.

Zum Rezept Dieses Rezept ist ideal, wenn unerwartet Gäste eintreffen oder für den kleinen Hunger zu später Stunde. Die Backhefe sorgt für ein neues Geschmackserlebnis. In nur 15 Minuten ist das Süppchen fertig. Das kleine Amuse bouche liegt weder schwer im Magen noch gibt es ein Völlegefühl.

Thymian-Beef-Tea

½ l Rinderbrühe, am besten selbstgemacht
1 Thymiansträußchen, z. B. 'Deutscher Winter'
150 g Gemüse: Mini-Maiskolben, Lauchringe, Streifen von Karotten und Kohlrabi, Bohnen, Kefen/Zuckerschoten, Tomaten
80 g Rinderfilet, in feinen Scheiben

4 große Thymianzweige, beliebige Sorte, für die Garnitur

1 Das Gemüse im Dampf knackig garen, mit kaltem Wasser abschrecken.

2 Die Rinderbrühe aufkochen, Thymiansträußchen in die Brühe legen, 2 bis 3 Minuten ziehen lassen, Thymian entfernen.

3 Das Gemüse auf 4 große Suppenteller oder Suppentassen verteilen, die rohen Fleischscheiben darauflegen, mit der kochenden Brühe übergießen, mit je einem Thymianzweig garnieren.

Zum Rezept Dieses klassische Rezept wird leider kaum mehr zubereitet. Dabei ist es so simpel und der Geschmack der Brühe wirklich großartig.

Abbildung

Zucchini-Lavendel-Thymian-Süppchen

1 EL Olivenöl extra nativ
1 kleine Zwiebel, grob gehackt
1 Knoblauchzehe, Keimling entfernt, Zehe zerdrückt
2 mittelgroße Zucchini, grob gewürfelt
Salz
frisch gemahlener Pfeffer
½ l Gemüsebrühe
¾ dl/75 ml Rahm/Sahne
2 EL abgezupfte Lavendel-Thymianblättchen

1 Suppentassen vorwärmen.

2 Olivenöl in einem Topf bei mittlerer Hitze erwärmen, Zwiebeln, Knoblauch und Zucchini zugeben, mit Salz und Pfeffer würzen, Gemüse bei mittlerer Hitze sanft dünsten, mit der Brühe ablöschen, aufkochen, bei schwacher Hitze 15 Minuten köcheln lassen. Rahm und abgezupfte Thymianblättchen zur Suppe geben, erhitzen, kurz ziehen lassen. Pürieren.

Tipp Der Lavendelgeschmack kann noch verstärkt werden, wenn man der Suppe einen Lavendelzweig beifügt. Für das Cremesüppchen können auch andere Thymiansorten verwendet werden.

Mahlzeiten

Zucchini-Gratin

mit Thymian, Jabugo und Schafskäse

für 2 Personen

100 g Risottoreis, z. B. Carnaroli
300 g Zucchini
100 g Zwiebeln
½ Sträußchen Thymian, z. B. 'Silver Posy', abgezupfte Blättchen (2 g)
ca. ½ l Gemüsebrühe
40 g Jabugo (spanischer Rohschinken) oder ein anderer guter Rohschinken
40 g Schafskäse oder ein Käse nach Wahl, klein gewürfelt
Salz
frisch gemahlener Pfeffer
Thymianöl, Seite 87, zum Beträufeln

Butter für die Form

1 Den Backofen auf 220 °C vorheizen. Gratinform mit Butter einfetten.

2 Zucchini beidseitig kappen, in Würfelchen schneiden. Zwiebeln schälen und ebenfalls in Würfelchen schneiden.

3 Reis, Zucchini, Zwiebeln und Thymian in die Form verteilen, mit der Gemüsebrühe knapp bedecken.

4 Das Gratin in der Mitte in den Ofen schieben, bei 220 °C 20 Minuten garen. Bei Bedarf mehr Gemüsebrühe zugeben. Schinken und Käse darüber verteilen, mit Pfeffer abschmecken, im Ofen überbacken. Vor dem Servieren mit Thymianöl beträufeln.

Thymian-«Laternen»

mit Ratatouille

für 2 Personen

250 g Teigwaren, z. B. «Laternen»
100 g Auberginen, klein gewürfelt
ca. 0,6 dl/60 ml Olivenöl extra nativ
80 g geschälte gelbe und rote Peperoni/Gemüsepaprika, klein gewürfelt
80 g Zucchini, klein gewürfelt
2 EL Tomatenconcassée, Seite 32
2 EL Thymianöl, Seite 87
2 g Thymianblättchen, z. B. Kümmelthymian, zitroniger
grob zerbröckelter Parmesan

Thymian für die Garnitur

1 Die Auberginenwürfelchen in einer Bratpfanne im Olivenöl bei starker Hitze braten, den Pfanneninhalt in eine Schüssel geben und das Öl auffangen. Das Öl wieder in die Bratpfanne geben und die Peperoniwürfelchen ebenfalls bei starker Hitze braten, den Pfanneninhalt in eine Schüssel geben und das Öl auffangen. Das Öl wieder in die Bratpfanne geben und die Zucchiniwürfelchen ebenfalls bei starker Hitze braten, den Pfanneninhalt in eine Schüssel geben, das Öl auffangen. Alles Gemüse wieder in die Bratpfanne geben.

2 Teigwaren in reichlich Salzwasser al dente kochen, abgießen.

3 Teigwaren, Tomatenconcassée, Thymianöl und Thymianblättchen zum Gemüse geben, gut mischen, erhitzen. Anrichten. Parmesan darüberverteilen. Mit Thymian garnieren.

Peperoni/Gemüsepaprika Viele Menschen klagen nach dem Verzehr von Peperoni/Gemüsepaprika über Verdauungsprobleme. Abhilfe schafft das Schälen der rohen Gemüsefrüchte.

Rigatoni
mit pikantem Thymianpesto

für 2 Personen

160 g Rigatoni
Thymianöl, Seite 87
Thymianblättchen, z. B. 'Villa Nova', für die Garnitur
feine Peperonciniringe, für die Garnitur

Thymianpesto
25 g Knoblauchzehen, (Keimling entfernt), zerdrückt
25 g Cashew- oder Pinienkerne, grob gehackt
10 g Thymianblättchen, 'Villa Nova'
1 Msp Meersalz
1 kleiner Peperoncino/Chilischote, entkernt
1½ dl/150 ml Olivenöl extra nativ

100 g zerbröckelter Parmesan oder Sbrinz

1 Die Teller vorwärmen.

2 Alle Zutaten für den Pesto fein mixen.

3 Rigatoni in reichlich Salzwasser al dente kochen. Abgießen, auf Tellern anrichten. Teigwaren mit dem Thymianöl beträufeln, Pesto, Thymianblättchen, Peperonciniringe und Käse darüber verteilen. Sofort servieren.

Quendel-Zitronen-Risotto

mit Lachs und Blüten

für 2 Personen

2 EL Olivenöl extra nativ
60 g Zwiebeln, fein gehackt
Meersalz, Pfeffer
einige Safranfäden
100 g Risottoreis, z. B. Carnaroli
1 dl/100 ml Weißwein
ca. ¾ l heiße Gemüsebrühe
80 g feine grüne Erbsen
50 g Butter
½ dl/50 ml Limonenöl (Feinkost- oder Naturkostgeschäft) oder Olivenöl extra nativ
1 g abgezupfte Quendel- oder Zitronenthymianblättchen
1 Zitrone, wenig grob abgeriebene Schale und 1 Spritzer Saft
1 Schuss Grappa
Blütenblätter, z. B. von Ringelblume, Rose, Malve, Kapuzinerkresse, Borretsch
150 g Lachsforellenfilet, ohne Gräte, grob gewürfelt

ganze Blüten für die Garnitur
Zitronenthymian für die Garnitur

1 Lachsforellenwürfel mit Salz und Pfeffer würzen.

2 Zwiebeln im Olivenöl bei schwacher Hitze 2 bis 3 Minuten dünsten, mit Salz und Pfeffer würzen, Safran und Reis zugeben, 1 Minute mitdünsten, mit dem Weißwein ablöschen, unter ständigem Rühren mit dem Holzlöffel die heiße Gemüsebrühe nach und nach zugeben; es dauert etwa 20 Minuten, bis der Reis al dente ist. Erbsen unterrühren, 2 Minuten köcheln lassen. Kochtopf von der Wärmequelle nehmen, Butter und Limonenöl unterrühren. Der Risotto muss sehr dünnflüssig sein. Mit Quendelblättchen, Zitronenschale, Zitronensaft, Grappa und Blütenblättern abschmecken. Lachsforellenwürfel zugeben, mit einem großen Löffel etwa 10 Sekunden rühren; die Fischwürfel werden so schonend gegart und werden nicht trocken.

3 Risotto in tiefen Tellern anrichten, mit den Blüten und dem Thymian garnieren.

P.B. 18/10

Thymian-Kaninchen

2 EL Olivenöl extra nativ
2 EL Bratbutter/ Butterschmalz
600–700 g Kaninchenschenkel/ -keulen
20 g milder Senf
frisch gemahlener Pfeffer
Salz
1 Zwiebel, fein gehackt
4 Knoblauchzehen, ungeschält
1 TL Mehl
3 dl/ 300 ml Weißwein
3 dl/ 300 ml Gemüsebrühe oder Wasser
1 Thymiansträußchen (5 g), z. B. 'Annot'
Thymianblütensalz, Seite 86

Thymian für die Garnitur

1 Die Kaninchenschenkel mit Senf bestreichen, mit Salz und Pfeffer würzen, in einem Brattopf in der Olivenöl-Bratbutter-Mischung kräftig anbraten, Zwiebeln und ungeschälte Knoblauchzehen zugeben, kurz mitdünsten, mit Mehl bestäuben, mit Weißwein und Gemüsebrühe ablöschen, aufkochen, bei schwacher Hitze 45 Minuten köcheln. Erst 5 Minuten vor Ende der Garzeit das Thymiansträußchen zugeben (ergibt einen sehr frischen Thymiangeschmack). Kaninchenschenkel aus der Sauce nehmen und warm stellen.

2 Die Sauce in eine Schüssel passieren, wieder in den Brattopf geben, bei schwacher Hitze auf die gewünschte Konsistenz einkochen, mit Thymianblütensalz abschmecken. Kaninchenschenkel in der Sauce erwärmen. Mit Thymian garnieren.

Zum Rezept Für mich ist dieses Rezept eine der schönsten Harmonien von Fleisch und Gewürz. Das Fleisch eignet sich auch hervorragend zum Aufwärmen.

360–400 g Lammracks/-karree
1 fest kochende Kartoffel
Bratbutter/Butterschmalz
abgezupfte Thymianblättchen, z. B. rundblättriger Thymian
Thymianblütensalz, Seite 86, oder Fleur de Sel

Bohnenragout

500 g gemischte gekochte Bohnen: grüne Bohnen, große weiße Bohnen, Indianderbohnen (rote Bohnen), Borlottibohnen
1 EL Olivenöl extra nativ
1 EL Butter
Meersalz
frisch gemahlener Pfeffer

Rotwein-Thymian-Jus

2 dl/200 ml kräftiger Rotwein
½ EL in Öl eingelegte Schalotten, Seite 36
Salz
frisch gemahlener Pfeffer
2 EL Wasser
2 g Thymianblättchen, z. B. rundblättriger Thymian
20 g kalte Butterstückchen

1 Für den Rotwein-Thymian-Jus Rotwein, in Öl eingelegte Schalotten, Salz und Pfeffer bei mittlerer Hitze vollständig einkochen lassen.

2 Lammkarree in 4 doppelte Koteletts schneiden und jeweils einen Knochen entfernen. Koteletts leicht flach klopfen. Die rohe Kartoffel schälen und auf der Röstiraffel/dem Gemüsehobel grob raspeln, mit Küchenpapier trocknen. Kartoffeln mit Thymianblütensalz und Thymianblättchen würzen. Beide Kotelettseiten mit den Kartoffelspänen belegen, andrücken. Koteletts in einer Bratpfanne in der Bratbutter langsam goldgelb braten.

3 Die Bohnen im Dampf erwärmen, mit Olivenöl, Butter, Salz und Pfeffer abschmecken.

4 Rotweinjus mit 2 EL Wasser aufkochen, Thymianblättchen beifügen, Jus mit den kalten Butterstückchen aufschlagen, nicht mehr kochen.

5 Bohnenragout auf vorgewärmten Tellern anrichten, mit dem Rotwein-Thymian-Jus beträufeln, Lammkoteletts dazulegen.

Lammkotelett

in Rösti-Thymian-Kruste

Kalbshaxe

Frieda Maag

1 ganze Kalbshaxe, 1–1½ kg
einige Kalbsabschnitte oder
fein gehackte Knochen
40 g weiche Butter
1 EL SenfSalz
frisch gemahlener Pfeffer,
4 Knoblauchzehen, ungeschält
100 g Zwiebeln, grob geschnitten
½ EL Mehl
2 dl/200 ml Weißwein
4 dl/400 ml Wasser
2 dl/200 ml Kalbsfond
½ TL Currymischung
2 Msp getrockneter Thymian
1 Thymiansträußchen,
beliebige Sorte(n)
1 Eigelb von einem Freilandei
1 dl/100 ml Rahm/Sahne

1 Backofen auf 230 °C vorheizen.

2 Die Kalbshaxe mit Butter und Senf einstreichen, mit Salz und Pfeffer würzen.

3 Kalbsabschnitte/Knochen in einen großen Gusseisenbrattopf verteilen, Haxe darauflegen. Topf in den Ofen schieben, die Haxe bei 230 °C 45 Minuten braten. Ungeschälte Knoblauchzehen und Zwiebeln zugeben, 5 bis 10 Minuten mitdünsten, mit dem Mehl bestäuben und mit dem Weißwein ablöschen. Wasser, Kalbsfond, Curry und getrockneten Thymian zugeben, Haxe eine Stunde bei 220 °C schmoren, mehrmals wenden und mit dem Fond übergießen.

4 Eigelb und Rahm/Sahne verquirlen.

5 Die Haxe aus dem Topf nehmen und warm stellen.

6 Die Sauce durch ein Sieb passieren, den frischen Thymian in der Sauce 3 Minuten ziehen lassen, Kräuter wieder entfernen. Die Sauce nochmals aufkochen. Eigelbmischung unterrühren. Nicht mehr kochen.

Zum Rezept Dieses Rezept verdanke ich meiner Mutter, die eine begnadete Köchin von Schmorgerichten und Eintöpfen war. Die Kalbshaxe gab es nur an hohen Feiertagen oder zu besonderen Festen. Auf Wunsch von uns Kindern durfte das Kartoffelpüree nicht fehlen.

Tipps Die Haxe(n) beim Metzger frühzeitig bestellen, damit sie frisch (nicht tiefgekühlt) ist. Die gleiche Saucenmenge reicht auch für 2 Haxen.

Pouletbrust

auf Gemüsepotpourri

für 2 Personen

1 EL Olivenöl extra nativ
2 Poulet-/Hähnchenbrüstchen mit Haut, je 180–200 g
1 dl/100 ml Kalbsfond
40 g kalte Butterstückchen
120 g gemischtes, je nach Gemüseart geschältes und originell ausgestochenes oder geschnittenes Gemüse: grüne Bohnen, Kefen/Zuckerschoten, Karotten, Kohlrabi, Brokkoli, Blumenkohl usw., im Dampf knackig gegart
abgezupfte Quendelblättchen oder eine andere Thymiansorte

1 EL Olivenöl extra nativ
4 Knoblauchzehen

Quendel oder eine andere Thymiansorte für die Garnitur

1 Backofen auf 100 °C vorheizen. Teller warm stellen.

2 Pouletbrüstchen in einem Brattopf/in einer Bratpfanne im Olivenöl auf der Hautseite ca. 6 Minuten braten, kurz vor Ende der Garzeit wenden, im Backofen bei 100 °C 10 Minuten ziehen lassen.

3 Knoblauchzehen schälen und längs halbieren, Keimling entfernen. Knoblauchhälften in der Pouletpfanne im Olivenöl braten.

4 Kalbsfond aufkochen, kalte Butterstückchen unterrühren, noch warmes Gemüse zugeben und mit der Sauce mischen. Quendel beifügen.

5 Gemüse auf vorgewärmten Tellern anrichten. Pouletbrüstchen darauflegen, mit gebratenem Knoblauch und Quendel garnieren.

Gegrilltes Zanderfilet
auf Zitronenthymiansauce

für 2 Personen

4 EL Olivenöl extra nativ
300 g Zanderfilet ohne Haut, Gräte gezupft, in 2 Portionen
Thymianblütensalz, Seite 86
Zitronenpfeffer

Gemüse
1 EL Olivenöl extra nativ
50 g Zucchiniwürfelchen
80 g Tomatenconcassée, Seite 32
12 entsteinte, halbierte Oliven

Zitronenthymian für die Garnitur, z. B. 'Silver Queen'

Zitronenthymiansauce
½ EL in Öl eingelegte Schalotten, Seite 36
4 EL Wasser
1 Msp Zitronenpfeffer
½ TL Thymianblütensalz, Seite 86
80 g kalte Butterstückchen
0,4 dl/40 ml Limonenöl (mit Zitronen aromatisiertes Öl, Feinkost-/Naturkostgeschäft)

1 Teller warm stellen.

2 Zucchiniwürfelchen im Olivenöl braten.

3 Für die Sauce Schalotten, Wasser, Zitronenpfeffer und Thymianblütensalz in einem Pfännchen aufkochen, im Mixerbecher mit der Butter und dem Limonenöl aufmontieren, d. h. die Sauce mixen, bis sie emulgiert.

4 Die Zanderfilets mit Thymianblütensalz und Zitronenpfeffer würzen, in der Grill-/Bratpfanne nur auf einer Seite grillen, bis die obere Seite milchig ist.

5 Die Zitronenthymiansauce auf vorgewärmte Teller verteilen, den Fisch darauflegen, mit Tomaten, Oliven, Zucchini und Thymian garnieren.

für 2 Personen

4 Fischfilets von Meerbarsch oder Zander, je 70 g
Salz
frisch gemahlener Pfeffer

Thymian-Kruste
50 g weiche Butter
1 Eigelb von einem Freilandei
50 g Mie de pain
2 g Thymianblättchen, z. B. 'Villa Nova'
Salz
frisch gemahlener Pfeffer

1 EL Thymianöl, Seite 87
4 EL gemischte, geschälte Peperoni-/Gemüsepaprikawürfelchen
4 EL Tomatenconcassée, Seite 32
Safranbalsamico (Balsamico mit Safranpulver aromatisiert)
Thymianblüten

1 Teller warm stellen.

2 Den Backofen auf 250 °C Oberhitze vorheizen. Ein Backblech mit Olivenöl einfetten.

3 Die Zutaten für die Kruste zu einer Paste rühren, mit Salz und Pfeffer würzen.

4 Die Fischfilets mit Salz und Pfeffer würzen. Auf das Backblech legen. Die Paste auf den Fischfilets verstreichen.

5 Das Blech im oberen Teil in den Backofen schieben, die Fischfilets je nach Dicke 5 bis 8 Minauten backen.

6 Die Peperoniwürfelchen im Olivenöl kurz dünsten. Tomatenconcassée erwärmen.

7 Peperoniwürfelchen und Tomatenconcassée auf Teller erteilen. Überbackene Fischfilets darauflegen, mit Safranbalsamico und Thymianblüten garnieren.

Mie de pain Weißbrot in dicke Scheiben schneiden. Krume/Rinde entfernen. Brot in Klarsichtfolie einwickeln, tiefkühlen. Gefrorenes Brot auf einer feinen Reibe reiben. Sofort verwenden. Oder in Tiefkühldosen tiefkühlen.

Meerbarsch
in der Thymian-Kruste

Desserts

Geeiste Crêperöllchen

mit Himbeer-Orangenthymian-Gelee

Crêpeteig
1 Freilandei
1 dl/100 ml Milch
45 g Dinkelweißmehl/
Mehl Type 630
20 g kalte flüssige Butter oder kalt
gepresstes Haselnussöl

Himbeer-Orangenthymian-Gelee
600 g Himbeeren
250 g Gelierzucker
2–3 EL Wasser
2 EL Himbeergeist
5 g abgezupfte
Orangenthymianblättchen

2 EL Sauerrahm/saure Sahne
2 Ringelblumenblüten,
abgezupfte Blütenblätter
Orangen- oder
Zitronenthymian

1 Für das Gelee Himbeeren, Zucker und Wasser in einem Topf unter Rühren aufkochen, mit dem Stabmixer pürieren, die Himbeermasse durch ein feines Sieb passieren, zurück in den Topf geben, aufkochen, unter Rühren 3 Minuten sprudelnd kochen, Himbeergeist und Orangenthymian unterrühren, sofort in Gläser mit Schraubverschluss füllen. Gläser 5 Minuten auf den Kopf stellen.

2 Für den Crêpeteig Ei und Milch verquirlen, Mehl zugeben und glattrühren, Butter kräftig unterschlagen (wenn der Teig Fett enthält, muss die Bratpfanne nicht eingefettet werden).

3 Eine nicht klebende Bratpfanne oder Crêpepfanne aufheizen. Jeweils ein Viertel der flüssigen Teigmenge in die Pfanne geben und durch Bewegen verlaufen lassen, Crêpe beidseitig kurz backen. Auf einem Teller zugedeckt stapeln, dann 30 Minuten in den Kühlschrank stellen.

4 Die Crêpes gleichmäßig mit dem Gelee bestreichen, einrollen. 20 Minuten in den Tiefkühler legen.

5 Zum Garnieren der Teller aus beschichtetem Backpapier eine Spritztüte formen. Dazu einen halben Bogen Backpapier diagonal falten, bei der Falte durchschneiden, den viereckigen Teil für die Tüte verwenden. Die intakte Seite liegt oben, man beginnt unten auf der geraden Seite (nicht auf der Schnittseite!) mit Einrollen, sodass man eine verschlossene Spitze erhält. Zum Fixieren der Tüte legt man den überstehenden Teil nach innen.

6 Crêperollen in vier Stücke schneiden. Auf jeden Teller 4 Tupfen Sauerrahm setzen, Crêperöllchen darauflegen. Das Gelee in die vorbereitete Papiertüte füllen, eine kleine Spitze abschneiden, die Teller dekorieren. Ringelblumenblütenblätter und Thymian darüberstreuen.

Orangenthymian-Orangen-Sorbet

Schnelle Variante

3¾ dl/375 ml Sekt oder Champagner, gekühlt
1¾ dl/175 ml Orangenthymian-Orangen-Sirup, gekühlt, Seite 87
½ dl/50 ml Zitronensaft, gekühlt
2 g (2 Messbecher) Nestargel oder Pfeilwurzelmehl, fakultativ

Aufwändige Variante

150 g Zucker
1 g (1 Messbecher) Nestargel, Biobin oder Pfeilwurzelmehl, fakultativ
2 dl/200 ml heißes Wasser
2 dl/200 ml frisch gepresster Orangensaft
1 Zitrone, Saft
10 g abgezupfte Orangenthymianblättchen

1 Für die schnelle Sorbet-Variante Sekt, Sirup und Zitronensaft verquirlen. Das mit wenig Wasser angerührte Bindemittel unterrühren. Die Sorbetmasse in der Sorbetière/Eismaschine gefrieren lassen. Oder die Sorbetmasse in eine/zwei flache Tiefkühldosen füllen, unter häufigem Rühren mit einer Gabel gefrieren lassen (so kann verhindert werden, dass sich große Eiskristalle bilden).

2 Für die aufwändige Sorbet-Variante Zucker und Bindemittel in einer Schüssel verrühren, das kochende Wasser unterrühren. Erkalten lassen. Orangen- und Zitronensaft und Thymianblättchen zugeben. Im Kühlschrank zugedeckt einen Tag durchziehen lassen. Die Sorbetmasse durch ein feines Baumwolltuch (Mulltuch) passieren. Sorbetmasse in der Sorbetière/Eismaschine gefrieren lassen. Oder in eine/zwei flache Tiefkühldosen füllen, unter häufigem Rühren mit einer Gabel gefrieren lassen (so kann verhindert werden, dass sich große Eiskristalle bilden).

3 Sorbetmasse nach Belieben in einen Spritzbeutel mit Sterntülle füllen, in gekühlte Gläser spritzen. Oder die Sorbetmasse mit einem Eisportionierer portionieren und in Gläser füllen.

2 Freilandeier
1 Eigelb von einem Freilandei
50 g Zucker
½ unbehandelte Zitrone, Zesten
2½ dl/250 ml Milch
10 g Zitronenthymian, z. B. 'Silver Queen', davon 1 EL Blättchen für die Einlage

Zucker zum Karamellisieren

1 Eier, Eigelb, Zucker und Zitronenzesten zu einer luftigen, cremigen Masse aufschlagen.

2 Die Milch aufkochen, Thymiansträußchen zugeben, 5 Minuten ziehen lassen. Thymian entfernen.

3 Heiße Milch unter die Eiercreme rühren, Thymianblättchen zugeben. In 4 Portionsschalen füllen. Mit Alufolie verschließen.

4 Pochieren: Im Steamer bei 86 °C 20 Minuten. Im Wasserbad im vorgeheizten Ofen bei 200 °C 40 Minuten. Die Thymiancreme zuerst abkühlen lassen, dann kühlstellen.

5 Vor dem Servieren die Creme gleichmäßig mit Zucker bestreuen, mit dem Bunsenbrenner oder einem speziellen Eisen karamellisieren.

Zitronenthymian-Creme

für 8 bis 10 Portionsförmchen
für 8 bis 10 Personen

Sabléteig
50 g weiche Butter
50 g Zucker
2 g phosphatfreies Backpulver
100 g Dinkelweißmehl/
Mehl Type 630
1 Freilandei, verquirlt

Zitronen-Lavendelthymian-Creme
125 g Zucker
150 g Butter
2 Freilandeier
2 unbehandelte Zitronen,
Zestenstreifchen und Saft
5 g abgezupfte
Lavendelthymianblättchen

Beeren für die Garnitur

1 Für den Teig Butter und Zucker zu einer luftigen, cremigen Masse aufschlagen, Mehl und Backpulver mischen, unter die Buttercreme rühren, Ei beigeben, rasch zu einem Teig zusammenfügen. Teig in Klarsichtfolie einwickeln, 2 bis 3 Stunden kühl stellen.

2 Den Backofen auf 180 °C vorheizen. Die Portionsförmchen mit Butter einfetten.

3 Den Sabléteig auf bemehlter Arbeitsfläche dünn ausrollen, 8 bis 10 Rondellen ausstechen, die den Förmchenrand um etwa 2 cm überragen. Rondellen in die Förmchen legen. Im vorgeheizten Ofen bei 180 °C 7 bis 9 Minuten backen. Auskühlen lassen. Aus den Förmchen nehmen.

4 Für die Füllung alle Zutaten in einen Topf geben und gut verrühren, unter Rühren mit einem Gummischaber bei schwacher Hitze unter dem Kochpunkt erhitzen. Sofort durch ein feines Sieb in eine kalte Schüssel passieren, unter Rühren erkalten lassen.

5 Erkaltete Lavendelthymian-Creme in die Sabléteigböden füllen, mit einem Messer glattstreichen. Mit den Beeren garnieren.

Tipp Teigreste zu Rollen formen, im Hagelzucker wenden, in 10 mm dicke Scheiben schneiden, im Backofen bei 180 °C etwa 7 Minuten backen. Ein ideales Teegebäck!

Zitronen-Lavendelthymian-Creme-Törtchen

250 g gemischte Beeren

Zabaione

1 dl/100 ml Moscato

½ dl/50 ml Thymiansirup, Seite 87

3 Eigelbe von Freilandeiern

1 Alle Zutaten in eine Rührschüssel geben, über dem kochenden Wasserbad zu einer luftigen, cremigen Masse aufschlagen.

2 Die Beeren in hohe Gläser verteilen, mit der Zabaione auffüllen.

Bunte Beeren

mit Thymian-Moscato-Zabaione

Eingemachtes

Thymianblütensalz

Wer einen eigenen Kräutergarten hat, ist jeweils zur Blütezeit des Thymians oft mit der Blütenmenge überfordert. Mit diesem Rezept können die Blüten, gleich welche Sorte, wunderbar konserviert werden.

200 g Fleur de Sel
20 g abgezupfte Thymianblüten

Fleur de Sel und Thymianblüten in einem Kuchenblech mischen. An einem trockenen Ort oder an der Sonne trocknen lassen. In ein Glas mit Schraubverschluss füllen. Oder Blüten und Salz in der Kaffeemühle oder in der Küchenmaschine fein mahlen, in ein Glas mit Schraubverschluss füllen.

Verwendung Als Würzmittel für Fischgerichte und für Vorspeisen.

Variante Auf gleiche Art können auch Thymianblättchen konserviert werden.

Thymianessig

Dieser Essig ist leicht herzustellen. Nebst dem Thymian vulargis können auch alle anderen Thymiansorten verwendet werden. Der Geschmack des Lavendel-Thymians kann mit wenig Lavendelblüten noch verstärkt werden. Dem Zitronenthymian-Essig fügt man wenig Zitronenschale, dem Orangenthymian-Essig wenig Orangenschale bei. Es können auch Thymianblüten und zum Verstärken des Aromas Wildrosenblütenblätter verwendet werden.

2 dl/200 ml Weißweinessig
2 dl/200 ml trockener Weißwein
10 g abgezupfte Thymianblüten

Alle Zutaten in eine Flasche mit Verschluss füllen. 3 Tage ziehen lassen.

Verwendung Für bunte Sommersalate und Salatsaucen.

Thymianhonig

Entweder verstärkt man den im Handel gekauften Thymianhonig mit abgezupften Thymianblättchen oder man aromatisiert normalen Blütenhonig mit Thymianblättchen.

100 g Blütenhonig
1 TL abgezupfte Thymianblättchen

Honig und Thymianblättchen in ein Glas mit Schraubverschluss füllen.

Verwendung Passt zu Schafskäse und salzigen Käse wie zum Beispiel Parmesan.

Thymianöl

Der Spätsommer ist die ideale Zeit, um einen Vorrat an «Thymian-Basics» anzulegen. Der Thymian ist in der Regel kräftig und bezüglich Inhaltsstoffen in «Höchstform».

3 dl/300 ml Olivenöl extra nativ
5 g Peperoncini-/Chilischoten-würfelchen (Brunoise)
5 g Tropic-Pfeffer, Seite 40
1 Thymiansträußchen, Sorte nach Belieben

Alle Zutaten in eine Flasche mit Verschluss füllen. Nach 2 Wochen kann man das Öl degustieren.

Thymiansirup

500 g Zucker
3½ dl/350 ml Wasser
1 unbehandelte Zitrone, Zesten und Saft
½ TL Zitronensäure
10 g abgezupfte Thymianblättchen, Sorte vulgaris
1 gemischtes Thymiansträußchen für die Flasche

Zucker, Wasser, Zitronenzesten, Zitronensaft und Zitronensäure unter Rühren aufkochen, Thymianblättchen zufügen, nochmals aufkochen, auf der ausgeschalteten Wärmequelle 10 Minuten ziehen lassen. Sirup durch ein feines Baumwolltuch (Mulltuch) passieren. In Flaschen füllen. Frischen Thymian zugeben.

Orangenthymian-Orangen-Sirup

500 g Zucker
3½ dl/350 ml frisch gepresster Orangensaft
½ Zitrone, Saft
½ TL Zitronensäure
20 g abgezupfte Orangenthymianblättchen

Zucker, Orangen- und Zitronensaft und Zitronensäure unter Rühren aufkochen, Thymian zugeben, nochmals aufkochen, auf der ausgeschalteten Wärmequelle 10 Minuten ziehen lassen. Den Sirup durch ein feines Baumwolltuch (Mulltuch) passieren. In Flaschen abfüllen.

Orangenthymian-Gelee

600 g Himbeeren
250 g Gelierzucker
2–3 EL Wasser
2 EL Himbeergeist
5 g abgezupfte Orangenthymianblättchen

Himbeeren, Zucker und Wasser in einem Topf unter Rühren aufkochen, mit dem Stabmixer pürieren, Himbeermasse durch ein feines Sieb passieren, zurück in den Topf geben, unter Rühren 3 Minuten sprudelnd kochen, Himbeergeist und Orangenthymian unterrühren, sofort in Gläser mit Schraubverschluss füllen. Gläser 5 Minuten auf den Kopf stellen.

Haltbarkeit Alle Thymianprodukte sind kühl, trocken und dunkel gelagert über ein Jahr haltbar.

Register

Literaturverzeichnis

«Teedrogen» von Max Wichtl

«Das Wissen um die Heilkräfte der ätherischen Öle», Margrit Enz

«Aromaküche im Rhythmus der Jahreszeiten», Maria M. Kettenring